Jan Van Riebeeck

Die Kronieke van Suider-Afrika, Volume 1

Kimmie Kriel

Published by Bettie Brandt Publikasies, 2024.

While every precaution has been taken in the preparation of this book, the publisher assumes no responsibility for errors or omissions, or for damages resulting from the use of the information contained herein.

JAN VAN RIEBEECK

First edition. June 21, 2024.

ISBN: 979-8230963264

Written by Kimmie Kriel.

Inhoudsopgawe

Vir Mathijs Proot - Die vyfde Beatle.

(*Imagine* net)

Bettie Brandt Publikasies bied met trots aan:
'n Tiener Swangerskap deur Kimmie Kriel.
Geredigeer deur: Oudste.

Voorskou

Julle weet, ek het nog altyd 'n ding gehad vir geskiedenis. Ek sal nou nie so vêr gaan as om te sê dat dit deel is van my identiteit nie. Maar as ek kon identifiseer as iets, sou dit tien teen een as "baas" gewees het. Ek grap natuurlik. Skokkend ek weet. My terapeut het onlangs aan my erken, na vele lange, en duur sessies, dat ek dalk net 'n probleem mag hê. Sy het my gevra of ek ooit aan *Verwoerd* dink, toe bieg ek, en sê *ja*. Sy het nog tien sessies geskeduleer om my te help. So, ek's 'n *work in progress* - wat kan ek sê? So is die lewe...

Die pille doen darem nie skade nie. Dit laat my nogal goed voel om die waarheid te sê. Ek *like* nogal om op 'n *trip* deur die lewe te gaan. Dit verdoof al die barre geraas om my. En normaalweg *like* ek ook van geraas - vra maar my ouers, hulle sal jou met graagte vertel van hoe hulle geworstel het in my tiener jare. *Marilyn Manson* is glo nie net 'n Satanis nie, maar hy maak ook 'n vreeslike lawaai - wie sou nou kon raai?

Maar dis natuurlik nie die tipe geraas waarvan ek praat nie. Natuurlik is dit nie. Ek verdoof myself teen die buite wêreld - of soos daardie *Amish* outjie op skool van my musiek gesê het: Wêreldse Dinge. Die tipe dinge wat jou ongemaklik maak in 'n sogenaamde opgevoede samelewing. In *Victoria* se taal verwys hulle na die *"Rules of Discourse"*, of in my geval, somtyds, waar ek myself nou al menige kere moes keer, die *"Rules of Engagement"*

Sit maar die televisie aan, skiet deur *TikTok*, teken in op *Facebook,* of *X* - ek weet ek klink soos 'n ou man. Maar regtig dit voel of ek wakker geword het in 'n onderstebo wêreld.

Hoe minder daaroor gesê word hoe beter. My terapeut hou klaar dop wat ek skryf, en ek wil haar nie rede gee om weer my vrou in te roep om te gesels oor my sogenaamde "wit neigings" nie. Was klaar al oor die vingers getik oor daai hoofstuk wat ek geskryf het oor slawerny. Dis glo nie gepas vir ons progressiewe wêreld nie. My vrou is glo bekommerd oor my welstand. Sy het my nou die dag gevang trane pik toe ek *Lipstiek Dipstiek* gesit en kyk het. Sy het gesê; *dis 'n komedie, baby.* En ek het gesê; *ek weet.* Ek vind myself soms afdwaal in ons geskiedenis in. Op 'n warm dag, vind ek myself dink aan Oom Paul op die stoep. Soos ek van te vore gesê het - ek is op medikasie. Sterk goed. Ek wonder soms oor hierdie tipe goed. Julle weet? Hoe dinge verander het nadat ons 'n Republiek geword het. Ek wonder soms oor wat voor dit gekom het. Nie net van dit wat ons weet nie. Maar van dit wat ons nie weet nie. Nou dit is iets wat verdien om na gekyk te word. Amerika het so kultuur. 'n Kultuur waar mense meer wil weet. Wie het vir President *Kennedy* geskiet? Was dit maar 'n "*lone gunman*" soos almal gesê het? Of was dit dalk net iets veel meer duister? Ons het nie so kultuur nie. Ons aanvaar maar wat vir ons gevoer word. Eet dit op soos soetkoek. Nou dis hierdie geheime geskiedenis wat my veral prikkel. Julle weet? Die goed wat ons kunsbeen helde heeltemal versier. Verspoel in die tipe bloed wat Nasionalisme nie sal kan afwas nie. Ek praat natuurlik van Slagtersnek se mense. Ek praat van die hou vas wat die Vrymesselaars op ons Volkshelde het. Ek praat van ou *Cecil Rhodes* en *Leander Starr* se intiemhede wat plaasgevind het agter geslote deure. Ek praat van wie *Cecil John Rhodes* gefinansier het (*rustig, manne*). Ek praat van ons ouers se *"9/11"* - die slagting van *Verwoerd*. Maar meestal praat ek van 1966-1994 en alles wat tussen in gebeur het om te verseker dat ons 'n "vreedsame" oorgang sou hê. Ja...jou gunsteling president was 'n skobbejak. En hy het lekker in sy mou gesit en lag toe ons in die see ingedryf is. Ek self is nie regtig polities nie. Siende dat dit as geheel maar net 'n poppespel is. Dit frustreer my vreeslik. Nie net die idee van beheer wat ons dink ons het nie - die egotistiese neiging dat jou stem saak maak. Dat jou opinie iets beteken. Dat die wêreld dit behoort te hoor. Dis 'n reg om gehoor te word, en die geloof dat iemand sal (*moet*) luister. Dit frustreer my dat ons nie 'n patroon kan raak sien nie. Ons is 'n *gullible* volk. 'n Onkunde wat doelbewus gedryf word deur ons eie ego's. "Dinge gaan verander as daar 'n wit man aan die stuur is."

"Hulle sal Apartheid terug bring! Onthou die goeie ou dae! Hoe mooi jou Pa in sy uniform gelyk het..."

"Ons het 'n trots gehad! En hulle het hul plek geken!" As 'n land net 'n besigheid is, hoe is Apartheid goed vir besigheid? En laat ek julle vertel; al die hartseer, die verwarring, die pyn – dis net *business, baby*. Aan albei kante. Jy weet dat die laaste wit president wat ons gehad het in 'n fokken *Ferrari Testarossa* hier weggejaag het, nè? Jy dink die *ANC* is korrup? My fok, as jy maar net geweet het. "Maar hy was wit! Hy was Afrikaans! Sy naam was Willem!" So? Die idee dat hy enige skuld gevoelens gehad het toe hy die oorhandiging gedoen het is waansin. Hy was tien teen een opgewonde gewees! Ek bedoel, al daai geld wat die *cowboys* hom gegee het? Hy was *set for life*. Mense moet hulle koppe laat lees. Dis 'n fokken *movie* die . Net soos *Willem Wikkelspies* gesê het. En net soos 'n fliek, kry die regisseurs ook maar net 'n salaris. Dis die *production companies* wat die toutjies trek – en soos ons nou al weet, is die grootstes nie Afrikaans nie, nè?

En dis al lank so. Baie lank. En Suid-Afrika, veral van 1966 – 1994, is 'n meesters klas in dit. Die goed waarvan hulle die Voëlvry kunstenaars in die 80's blameer het? Wel, *imagine* dit net op 'n baie groter skaal. Klein bietjie gif op 'n slag - totdat jy finaal daaraan gewoond raak – en hopelik begin jy dit *like* ook nog! Ons is almal sterre in hierdie produksie. En omdat ons professioneel is – kyk ons nooit in die kamera in nie.

Ek is geleer om saggies in te gaan, maar my helde gaan almal seker hel toe. So...

Hoe durf ek!? Wat...jou oom verniet op die grens gaan *fight*, huh? Jou beste pêl se pa hom maar net opgefok vir *love* en *charity*? As iemand wat deel is van die *"Grens Generasie"* of 'n *"Rekkie Kind"* - as jy nou wil - het ek geen fokken tyd vir hierdie sonskyn en rose mentaliteit nie, hoor? As jy dink daar is 'n ou man in 'n potblou *suit* daarbo wat regtig bedoel wat hy sê, wat vuur en vlam is vir die sogenaamde "Afrikaner" - wat sy moue gaan oprol, en sy hande vuil maak vir jou – dan lewe jy in 'n fantasie wêreld. Daar waar *Bles Bridges* jou nog met fokken rose *serenade,* voordat hy jou van agter af penetreer met sy groot mikrofoon, en *brylcreem* in jou spierwit boudjies invryf. Die waarheid is, jou dierbare Gode is meer soos *abusive boyfriends* as wat hulle die perfekte man is. *Like* jy om elke oggend die *"walk of shame"* te doen? *Lipstick* ge*smudge*, hare deurmekaar, aandrokkie geskeur, 'n sigaret in een hand, en jou duur, nou gebreekte, hakskoentjies in die ander? "Maar hy het gesê hy's lief vir my! Hy het belowe hy sal nie weer *cheat* nie! Hy't gesê ek is sy *teamo supremo* - sy nommer een! Hy't gesê hy wil 'n toekoms saam met my bou! Asseblief, pappa! Glo my as ek sê...en jy kan hom ook vra...hy is 'n oulike outjie!"

Terwyl jy besig is om daai blou oog te dokter (kom maar met die territory) gaan ek gou van my pille drink – nou terug...

En nou 'n boodskap van ons wonderlike borge!

"Bokkie! Kom kyk gou hier! Ja. Wat vir 'n inleiding is dit!? Ek betaal nie R199 'n maand om te hoor hoe kak ek is nie! Ek kan dit verniet by die kerk kry!"

"Ek sal nie toelaat dat iemand so van Bles praat nie! *Baby*! Waar's my foon!? Ek gaan sommer vir hulle laat weet hoe ek voel hieroor! Nie in my huis nie! Se gat, man! Bles is wonderlik! Jy gehoor hoe jodel hy? Dink jy hierdie Frikkie kan so jodel? Nee! Ek gaan nou 'n *review* los! Moet my nie dreig nie!"

"Sulke barre taal. Is dit nou nodig om so te vloek? Dis vreeslik, pappa!"

"Wat word van ons land? Fokken Kommunis! Ek hoop sy pa het hom hard gebliksem!" Val maar op julle knieë neer. Bid vir beter dae. Solank die koffers vol is, kan jy vergeet daarvan. *Also. Kerkorrel* was reg gewees! En so, dames en here, hiermee 'n hand granaat wat jou laat hunker aan die dae wat *Wimpy* nog onveilig was. Of Strijdomplein! Ek moes eerder Strijdomplein aangehaal het (ou koeie?) Veel meer kontroversieel! So *alienate* ek die gehoor voordat die *movie* eers begin het. In hierdie weergawe van geskiedenis dans almal om die selfde vuur.

"Slayyyyeeeeeerrrrr!!1!!111!!"

6/04/1652

Dis snaaks; 'n hele boek oor Jan van Riebeeck? In die jaar van ons God 2024!?

Weet ek dan nie wie Jan van Riebeeck was nie!? Weet ek dan nie dat ek nie enige tyd of energie behoort te bestee aan 'n onsmaaklike kalant soos Jan van Riebeeck nie!?

Wel, die probleem is tweevoudig:

i. Ek weet nie regtig wie hierdie man was nie. Ja, ek weet hulle het ons op skool van hom geleer. Maar ek het vrae, jong!
ii. Ek gee nie regtig om nie. Ek was nog altyd maar 'n bietjie balhorig gewees. Vra maar my pa, hy sal jou in diepte kan vertel van elke grys haar wat ek op sy kop veroorsaak het.

So, hier is ons dan nou. En so, sal ek, jou die leser (hoe ook al jy verkies om te identifiseer – wel jy kan nie die skrywer wees nie; dis **my** rol!) ook maar belas met hierdie twee baie logiese vrae wat my nou al vir seker tien jaar hinder. Slapelose nagte, ek sê julle!

i. Hoekom Jan? Wie was hierdie duiwel wat aan ons Suidkus geland het om, tot vandag toe, die *locals* te teister?
ii. En waar's sy kinders? Wat het met hierdie man se saad gebeur? Het hy dit gestrooi oor die Kaapse wynlande of is hy vroeg dood sonder enige glorie?

Dit is waarop ek antwoorde wou gehad het. Kopkrappers verseker! En my antwoorde het ek gekry. En laat ek julle inlig, hierdie storie het meer *twists* en *turns* as *Ratanga Junction*!

Heelwat meer kontroversieel as wat ons geleer is. Soos meestal van ons geskiedenis...wag net tot ek by 1994 uitkom!

Anyway, ons gaan nou braai. Wel, net ek miskien, na hierdie onnodige uitlating. ^.^

Kimmie Kriel 21/05/2024

Gebed van Van Riebeeck

S taan asseblief, sodat ons met 'n gebed kan open. Dankie.

"Barmhartige, genadige God en hemelse Vader, volgens U goddelike wil is ons geroep om die sake van die Verenigde Nederlands Geoktrooieerde Oos- Indiese Kompanjie hier aan die Kaap die Goeie Hoop te bestuur. Met hierdie doel voor oë is ons met ons Raad in U heilige Naam vergader om met die Raad se advies sodanige besluite te neem waarmee ons die Kompanjie se belange die beste kan bevorder."

"Ons is hier om die wet te handhaaf en om, as dit moontlik is, onder hierdie wilde en onbeskaafde mense U ware gereformeerde Christelike leer voort te plant en bekend te maak tot lof van U heilige Naam en tot voordeel van die wat oor ons regeer. Hiertoe is ons sonder U genadige hulp allermins in staat. Daarom bid ons U, allerhoogste Vader, dat U met U vaderlike wysheid by ons sal bly. Ons bid dat U self leiding in ons vergadering sal gee en ons harte so verlig dat alle verkeerde hartstogte, tweedrag en ander dergelike gebreke van ons geweer sal word, sodat ons harte van alle menslike hartstogte skoon sal wees. Laat ons gemoedere so ingestem wees dat ons in ons beraadslaging niks anders beplan of besluit as dit wat mag strek tot grootmaking en lof van U allerheiligste Naam, en tot diens van die oor wie ons regeer. Laat ons nie in watter mate ook al op eie voordeel of winsbejag let nie, maar net op die uitvoering van ons opdragte en dit wat vir ons saligheid nodig is.

"Ons bid en vra dit in die Naam van U geliefde Seun, ons Heiland en Saligmaker, Jesus Christus ... wat ons leer bid het: 'Onse Vader wat in die hemel is, laat U Naam geheilig word. Laat U Koninkryk kom. Laat U wil geskied, soos in die hemel so ook op die aarde. Gee ons vandag ons daaglikse brood, en vergeef ons ons skulde soos ons ook ons skuldenaars vergewe. En lei ons nie in versoeking nie, maar verlos ons van die bose. Want aan U behoort die Koninkryk en die krag en die heerlikheid tot in ewigheid.' Amen."

(kom ons maak 'n bietjie moeilikheid)

1647: Haarlem kom klop aan ons voordeur!

Eendag, lank gelede, toe Suid-Afrika nog kind was, en die land nog ongerep was, toe waai die Suidooster 'n geskenkie in wat hom heeltemal sou verander. Die Kaap was nog rou, en die rotse was skerp, en eers waar daar niks was nie, met 'n slag, was daar skielik iets! Dit was die storie van die Nuwe Haarlem, 'n Nederlandse skip wat groot verandering gebring het.

Nou daar's iets wat julle moet verstaan, Suid-Afrika self was maar per ongeluk. 'n *Oopsie*, as jy nou wil. Dit was nie met opset dat ons hoekpale ingeslaan het nie, maar ook tog 'n noodsaaklikheid. Julle sien, so was die lied van Brouwer Roete gewees. Die roete tussen Nederland en die Indiese Eilande. Vir 'n skip om by sy bestemming uit te kom, moes hy om Afrika geseil het.

Dit was die lot van Die Nuwe Haarlem, wat noodlottig, die gevaarlike tog aangedurf het om die onstuimige suidpunt van Afrika.

Sy doel? Om handel te gaan dryf met 'n Oos-Indiese land vir die magtige V.O.C. of nou wel, die Verenigde Oos-Indiese Kompanjie. Die magtigste handel maatskappy op die planeet. Nou wat is die V.O.C? Dis nou soos daardie webtuiste waarop jou moeder al haar geld spandeer. Verskil is, jou ma se pakkie kan tot en met 'n jaar gevat het om by haar uit te kom - of glad nie - siende dat jou skip kon gesink het met jou ma se peperduur persiese mat aan boord! Nie die veiligste werk gewees nie, hoor! Nou, siende dat Europa op daardie stadium deur 'n klein ys tydperk gegaan het, (die Kakies het op die riviere geskaats, so koud was dit!) het hulle nie veel van 'n keuse gehad as om daardie spesifieke roete te vat nie. Vir suiker, speserye, slawe, plofstof, en ja, natuurlik goud, baie goud, is daardie pad aangedurf. En so ook, op sy retoer terug na Nederland, het die Nuwe Haarlem homself ontbloot voor ons kaal land, en alles wat die manne kon red, uitgestort op die strand voor hulle.

Die snaakse ding is, die Nuwe Haarlem was 'n sterk skip, een van die V.O.C. se sterkste skepe, maar maak nie saak hoe hard hulle probeer het nie, daardie skip wou strand. Nie eers met die hulp van drie verskillende ander skepe kon hulle dit keer nie! En net so, asof hulle gestuur is, stort hulle in die baai neer.

En dis hier waar die saadjie geplant is, want vir een hele jaar, moes hulle plan maak om te oorleef, terwyl hulle gewag het vir die volgende retoer om hulle weer huis toe te vat.

Hulle doel was bepaal; beskerm die vrag totdat hulle 'n jaar later gehaal kon word.

In beheer was Leendert Janszen, Onderkoopman, en saam het hy sy tweede in bevel Mathys Proot, en 60 ander manne agterna gesleep. Saam moes hulle dit maak werk in hierdie ongerepte wildernis en alles wat hy gebied het.

Die Kaap as kind - rof en vreeslik onbeskof.

Iets wat julle moet verstaan, is dat ons nie niks hier gevind het, voor die Haarlem hier neergestort het nie. Nee, hier het ons al 'n paar keer gestop om hallo te sê. Hallo vir wie? Die inheemse bevolking natuurlik. Hier het ons die Khoi gevind. Nomadiese wesens wat van een plek na die ander agter voeding aangetrek het. Hulle het van die land af gelewe. Vis, vrugte, groente, en beesvleis. Van een plek na die ander, spies in hand, het hulle hutte opgesit en so geleef. Hier het ons geruil, onderhandel, en gestop. Hier het ons briewe gelos onder rotse en klippe vir die volgende wat verby gekom het. Tafelbaai was basies ons poskantoor en tot 'n mate, 'n soort van vulstasie, as jy nou wil. Maar ook net in die mees basiese sin daarvan.

En dis wat Leendert hier gevind het. En so, amper onmiddellik het hulle plan gemaak om 'n skuiling te bou. Nadat hulle uiteindelik, dit wat hulle kon red, land toe gebring het, nie sonder uitdaging nie, natuurlik, het hulle begin bou aan 'n skuiling en stoorplek.

Met dit wat beskikbaar was; klip, tak, en klei, het hulle 'n fort aan mekaar geslaan, en dit Sandenburg gedoop. Vinnig het hulle begin onderhandel met die inboorlinge, maar omdat dit maar 'n ander tyd was, het hulle, nie maklik vertrou nie. Fabels van kannibalisme het vlam gevat onder die manne, en hulle het maar met een oog oop geslaap.

Nie lank nie en Harry, die bekende strandloper, het besluit om ook maar te kom groet. Hy was die Hottentotte (soos hulle maar bekend gestaan het; hulle *–hot-en-tot-* wanneer hulle kommunikeer) se leier.

Vinnig het hulle tot 'n ooreenkoms gekom en begin ruil vir beeste en skape, en met tyd het dinge redelik vlot begin verloop. Soveel so dat hulle maklik na hul invalides en siekes kon omsien met dit wat die Kaap se lande geoffer het.

Met tyd het die matrose onstuimig geraak, en na die see begin verlang. Hulle was tog nie boere nie. En na 'n jaar of so het hulle redding uiteindelik gekom in die vorm van twaalf verskillende skepe.

En op een van daardie skepe was die einste Jan van Riebeeck.

Waar al ons probleme begin het >^.^<

Voordat ons nou behoorlik wegspring met die storie van die alom bekende Jan Anthonisz Van Riebeeck, kan ons asseblief net, in Godsnaam, 'n oomblik vat en bewonder hoe 'n man soos Jan Anthonisz Van Riebeeck as *ground zero* vir alle boosheid in ons groen land se geskiedenis beskou word? Van almal uit ons geskiedenis is hy nou die sondebok. Kyk, en daar is baie kandidate waarvan ons kan kies om hierdie gemaklike pantoffels aan te trek. Nie Harry Smith, of Cecil *sit-hom-in* Rhodes, Jan Smuts, of tot die groot kokkedoor homself (waaroor jou oupa so baie gehuil het), H.F Verwoerd, kan kers vashou by hom nie! Nee. Jan Van Riebeeck is net op 'n ander *level*! Boos verby! Hy is erger as die duiwel! Ons Hitler! Of so wil hulle ons vertel. Jan Van Riebeeck (elke keer as ons sy naam uiter val 'n engeltjie se vlerke af) is nie eers die vader van ons volk nie. Afrikaans, en ons idee van nasionalisme was nog nie eers ter sprake toe hy sy kaaskoppie in die Afrika son uitgesteek het nie. *Infact*, so vêr ek verstaan, was daar 'n tyd waar ons so *klein* bietjie van hom vergeet het. Nee, *'De la Rey!-De la Rey!'* was nog nie eers 'n glinster in jou pa se ogies toe ou Jan met sy krom toontjies in die sand gespeel het nie. Nee tog! Hierdie arme Nederlandse *Salesman* (en hoe!), was tog maar net dit!

Gebore in 'n ou familie in Culomborg, sy pa was 'n chirurg, in 'n tyd waar chirurgie nie regtig 'n ding was nie, en, met tyd het Jan self in sy voetspore gevolg. Maar die saag en tuinskêr opgetel, en voortgegaan in die wêreld van proto-medici in. Sy pa het besluit dat dit 'n makliker tog vorentoe sou wees om met 'n lem in die hand 'n lewe te bou, as om onder te begin as 'n soldaat, en so ook het Jan by die V.O.C ingestap as 'n jong agtien of negentien jarige man. Dis dan waar die geld was! Wie wil nou nie vir *Amazon* werk nie? Veral as *Amazon* so magtig was dat hulle oorlog kon verklaar het op 'n nasie as hulle wou. Ja, hier kon hy homself opwerk, en so, met tyd, het hy ook maar moeg geraak vir al die onnodige bloed en derms, en sy *luck* gaan *try* in 'n admin posisie – vra maar jou ma, of ouma hiervan. Hulle sal weet. En ja, na 'n handvol jare van sy neus in die skip se boeke hou, het hy homself in die *pound seats* gevind, letterlik so. Ja, onse ou Jan se avonture voordat hy homself aan die suidpunt van Afrika bevind het is nogal indrukwekkend. Maar hiervan leer hulle jou mos nie op skool nie. Nee. Daar vertel hulle jou hoe hy in die Kaap geland het, sweep in hand, en die woord 'BOER' in Tafelberg se gesig gaan staan en uitkerf het, of hoe? Nee. Die man het planne gehad voordat hy homself op ons geld en kitskoffie blikke gevind het. Groot planne!

Ek dink sy lewe sal nogal 'n lekker *movie* maak, hoor! Maar dit gaan nou nie gebeur nie, nè? Ek sê nie hy was perfek nie, soos ons wel nou sal sien, maar die boef wat ons heroorweging van geskiedenis ons so aan kwyt raak, was hy ook nie! So bou hy homself toe op, en vóórdat jy kon sê *as 'hot as any Hottentot',* toe sit hy in die pos van bestuurder in Tonkin Vietnam! Wil gedoen wees, hoor. Vir iemand wat eers nie veel beteken het nie, om op die ouderdom van agt en twintig al klaar so suksesvol te wees, is nogal iets om oor huis toe te skryf. Baie sal seker nou sê dat hy maar net 'n opportunis was, miskien word die woord 'wunderkind' rondgegooi, maar vir die jonges van vandag hoop ek hy's 'n inspirasie op een of ander manier. Definitief 'n voorbeeld van wat baie jong Afrikaanse mans na streef vandag. Ek weet nou nie of hy vier uur die oggend opgestaan het of die gym geslaan het met *egg whites* en *chicken breast* nie, maar hier was 'n man gewees. Sy leuse was hoekal; *'Die advancement soeckt, sal geen naersigtigheijt sparen!'* Wat blootweg beteken; Vir hom om vorentoe te beweeg sal hy geen moeite spaar nie. Geen werk te moeilik om bevordering te kry nie. So belangrik was sy drome vir hom gewees. Ywer. Werk maak sterk. Meer Boer as Kaaskop, *afterall*!

En so, na 'n paar jaar se skouer-aan-die-wiel sit, toe vind hy homself in hierdie posisie. *Top of the Pops!* Op die vroeë ouderdom van agt en twintig. *Aantreklike jong man!* Dis nou natuurlik tot dat hy nie was nie. In sy pos, bedoel ek. Weet nie eintlik of *girls* oor hom *geswoon* het nie. Ek *imagine* maar net. Julle sien, niemand het nog ooit regtig lank gehou in Tonkin nie. En net soos die ou by wie Jan oor gevat het, is hy toe ook, en natuurlik die ou na hom, mettertyd huis toe geroep. *Nou hoekom?* Vra jy met trane in jou ogies. Wel, dis nou nie iets wat baie van ons graag wil hoor nie, maar Jan Van Riebeeck, het ook met tyd, sy hand oorspeel. So is dit maar met meeste jong mans wat hulself in sulke posisies bevind. Ek bedoel, ons almal ken maar iemand, nè? Wat of moes bedank, of afgedank is? So ook is Jan skuldig bevind aan korrupte ruilhandel. En sy buitemuurse aktiwiteite, alhoewel dit sy sakke vol gemaak het (beweer hulle), het hom sy pos gekos. En so, is die Jong Wolf van Tonkin, ook in die pad gesteek om te kom verduidelik aan die Here Sewentien. Die slawe en speserye mark was maar 'n kompeterende een, en die aandeelhouers van die V.O.C het nie *gelike* as mens in hulle slaai gekrap het nie. En dis presies waarvan hulle ou Jan, en almal anders wat nog die Tonkin Fabriek bestuur het, verdink het, ongelukkig. So, met dit, het Jan se drome aan skerwe gelê. Sak en pak, pens en pootjies, is hy teruggeroep.

Moderne geskiedenis sou jou laat glo dat hy net onmiddellik afgedank is soos die skuim wat hy was, maar die man het eintlik net sy pos verloor in Tonkin en twee maande se "maandgeld". Maar sy rang van Koopman en sy salaris het hy behou. Snaaks hoe dinge uitwerk vir die *badguy*, nè? So moes hy, stert tussen die bene, terugkeer om uit te tree uit die V.O.C se diens uit.

En dis op hierdie tog dat hy vir die heel eerste keer sy ware lot in die gesig gestaar het. Want om in Nederland uit te kom, moes hulle tog verby die suidpunt van Afrika verby. En wat lê aan die suidpunt van Afrika? Tafelbaai.

Die jong wolf lê sy ogies op nuwe weivelde.

Onder Wollebrant Geleyns de Jongh, seil Jan agterna in die Koning van Polen, in 'n kompanjie van twaalf verskillende skepe. En op die 17de Maart 1647 kom hulle te lande aan die Kaap de Goede Hoop. Hier kom hulle nie net tot redding vir die manne van vroeër in ons storie nie, maar ook, om uiteindelik die vrag van die Nuwe Haarlem se wrak te kom optel.

Hier het Jan Van Riebeeck sy koppie bietjie gelig, want die oomblik toe hy land tref, toe sien hy net vooruitgang. Hier kon hy 'n verskil maak. Jan het glo land en sand met Leendert Janszen en Mathys Proot gesels oor alles wat hulle in hul verblyf hier geleer het. Van die inheemse bevolking se doen en late (daar's glo 'n boek geskryf hiervan. Sal nie vandag gepubliseer kan word nie, dis verseker!), tot wat waar groei, watse vee beskikbaar is, en so meer. So het Jan geleer, in die hoop om hierdie informasie terug te vat na die Here Sewentien toe. Want soos ons nou al weet, het hierdie jong wolf planne, en niks sal hom keer om dit te verwesenlik nie. Hier het hulle vir agtien dae vertoef voordat hulle weer die see ingevaar het.

En dis hier waar ou Jan se storie stop. Vir so 'n paar jaar, natuurlik. Want met sy terugkeer het sy idees op dowe ore geval. Hy het baie gehad om voor op te maak, en die Here Sewentien wou niks weet nie. Nie eers met 'n vurige rapport van sy doen en late in Tonkin, al die ure wat hy glo afgesloof het vir die V.O.C nie, die groot opofferings wat hy gemaak het, al die geld wat hy in hulle koffers gestop het, kon hy 'n antwoord kry nie. *Cue sad music.*

En so, het Jan, nes God, vir eers 'n bietjie gaan rus.

In Schiedam vind hy liefde, of nou wel, Die Nuwe Avonture van Jan van Riebeeck (die hemel is al leeg)

In Schiedam, waar hy grootgeword het, keer Jan terug na die dorp waar sy moeder begrawe is, en dis hier dames en here, waar ons vir die eerste keer ons jong wolf se hart sien. En watse liefde dit was, want sy moes 'n wonderlike vrou gewees het om die Prins van Tonkin se hart te vang. En, volgens die bietjie inligting wat ons oor haar het, was sy darem maar iets anders gewees, hoor. Daar's 'n standbeeld van haar in Kaapstad; glo iemand anders se gesig, maar daardie lyf is definitief die lyf van die Franse *bombshell* wat Jan betower het op die vroeë ouderdom van maar net negentien. Haar naam? Maria Quevellerius *of* de la Queillerie (afhangende van wie jy glo) was een van die eerste (as sy nie die eerste) Franse Hugenote in die Kaap gewees. En soos die warm Afrika son, het sy hom glo ook lekker warm gebak. Franse girls is maar net iets anders. Ek *like* die meeste van die haat vir die Engelse wat hulle het. Nie so veel *Anglophobia* nie, maar meer 'n ingeboude haat, soos wat ons maar het. Dit en natuurlik hulle voorkeur vir goeie sigarette en rooiwyn. Goeie kombinasie, as jy my nou vra. *Anyway*. Jan trou toe met hierdie *girl* met die Waalse prediker pa wat in Rotterdam gepreek het (dis waar al die

Gabbers bly) en 'n Franse oupa wat glo vir Prins Willem van Oranje geken het.

So sy het darem 'n lagie oorgehad, hoor! *Sexy* en elegant!

So die twee is getroud en so het Jan maar onder protes die getroude lewe ingestap.

Ongelukkig, is daar nie baie inligting beskikbaar oor Jan se tyd tussen sy afdanking en 1651 nie; siende dat hy ongelukkig nie 'n *Instagram account* gehad het waarop hy alles kon dokumenteer nie; maar ek *imagine* hy het deur sy frustrasie gewerk soos ons oupa en ouma maar deur hulle daaglikse ongemak gewerk het; hy't hard gepomp!

En so is daar twee seuns gebore in hierdie wandel jare waarin Jan vasgevang was. Anthony is op 13 Maart 1650 gebore, en 'n jaar later het Lambertus, sy kleinboet ook in die lewe ingeskop op die 11de Augustus 1651. Anthony is ongelukkig 'n maand later oorlede en die bruidspaar is net een seun gespaar. Hartseer, maar die lewensverwagting vir kindertjies was maar min in daardie jare, so jy't maar dubbels gemaak.

Ons jong wolf was seker gelukkig met sy nuut gevonde rustigheid, maar sy hart het maar nog steeds gesoek na meer. Die waarheid is dat hy nooit werklik opgegee het op sy drome nie, en na jare, wat sekerlik soos 'n ewigheid gevoel het, het sy siel nog steeds na Tonkin verlang! En met tyd het hy rusteloos geraak en weer sy *luck* probeer met daardie Oos-Indiese eilande wat hom so getart het. Daar lê sy rykdom. Daar lê sy roem! En in 1651 sou sy snor noodlottig weer, net miskien, in die see se wind kon waai.

Julle sien, tot en met dese, was St Helena hulle *one-stop-shop* gewees vir verversings en dies meer. Maar met die *increase* van *traffic* na die ooste, was St Helena net nie meer genoeg nie, en so, het die Here Sewentien weer begin dink aan die rapport wat hulle van Leendert en Proot destyds gekry het oor daardie plek waar die inheemse bevolking hulle tonge klap as hulle die V.O.C se skepe sien kom het.

Ja, en dis toe hier waar ons jong wolf sy voet in die deur sou kry, want voordat ou Proot sy mond kon oopmaak, toe boomslang Jan van Riebeeck hom reg uit ons geskiedenis uit!

Want, *front* en *centre*, vind Jan homself voor die Here Sewentien, en hier *smooth talk* hy homself weer reg in die *pound seats* in. Die man moes 'n mond aan hom gehad het, want na alles wat in Tonkin gebeur het, teken hy 'n vyf jaar kontrak, om nie net 'n verversings pos te stig as die Koopman nie, maar sommer met die titel van Opperhoofd ook! Dis nou 'n pos met 'n *window seat*.

Wat van *pay*? Hoeveel het Jan *gepocket*? Wel, sy salaris het opgegaan van f55 na f75. Kom ons haal gou ons som pompie uit, dan na ondersoek werk hulle die inflasie uit van die Nederlandse Gulder (of Floris; dis nou waarvoor die 'f' staan) tussen die jare 1600 tot so by 2016 (wonderlike jaar in internasionale politiek) teen so f60 teen 'n Amerikaanse dollar. So as Jan eers f55 gemaak het as die bestuurder in Tonkin, sou hy om en by $3300 per maand *gepocket* het, dis $39600 'n jaar. En dan as die Opperhoofd van die Kaap de Goede Hoop sou dit verhoog het na $4500 per maand sonder *percs*, en dan, natuurlik $54000 'n jaar. Nou in Rand? Goeiste! Ek's amper te bang om te kyk wat dit in 2016 was.

So in 2016 het ons R15,23 vir 'n dollar betaal; so Jan van Riebeeck sou R822420 huis toe gevat. Sjoe! Dis lekker baie nè?

So nou, nadat sy bed gemaak is, moes hy nou maar inklim en lekker slaap, want binnekort is hy en sy familie, sak en pak, Kaap toe. Dis mos lekker by die see, of hoe? En sodoende, met twee skepe agterna is hy gestuur op sy vyf jaar missie. Dit was die Dromedaris, die Reijger, en dan natuurlik die Goede Hoop. Die Walvis en die Olifant het toe nie saam met hulle vertrek soos sommiges beweer nie. Uit Texel het hulle vertrek op die 24ste Desember 1651, en eers na 'n taamlike rustige reis op die 6de April 1652 gearriveer.

En hier dames, en here, is waar ons storie nou eintlik begin!

Hiermee, onder protes, 'n woord van ons borge:

"Hierdie boek word met trots geborg deur dieselfde Britse instansie wat jou gunsteling politieke party of plaaslike weerstandsbeweging befonds.

Dit is elke Afrikaanse leser van hierdie boek se plig om hul kinders in 'n Engelse skool te plaas kom die nuwe jaar.

Vir 'n beter Suid-Afrika. 'n Gelyke en Opregte Suid-Afrika! In Engels! *Jolly good!*" – Geheime Britse Instansie wat my forseer het om die volgende te publiseer. Weet nie wie hulle is nie, maar hulle is glo daar in die skadu's, besig met hulle eeue oue poppespel!

Die Vyf Jaar Missie wat in 10 Jaar verander het.

"Die Kaap: 'n onverkende grens. Dit is die reise van ons jong wolf: Jan Van Riebeeck. Sy missie van vyf jaar: om 'n verversingspos te stig; om die totale wil van die V.O.C uit te oefen; om met vrymoedigheid te gaan waar geen Kaaskop al ooit voorheen gegaan het nie!"

Sy storie vorentoe ken meeste van ons al goed. In skool word ons geleer van sy doen en late in die tien jaar wat gevolg het. Van die bou van sy fort, tot die uitbreiding wat hy belowe het, die plant, en soort van demokratiese vooruitgang, en dan natuurlik, die vestiging van blanke Suid-Afrika.

Ons is ook maar net vertel wat ons beskaafde oortjies sou kon hanteer. Julle sien, onse jong wolf, was tog net dit gewees, en somtyds, onder die dekmantel van sy nuwe rol as totale toegewyde *company man*, het hy wel…'n paar keer oorboord gegaan om *shine* te vang by die Here Sewentien. Hiervan kan jy natuurlik 'n bietjie meer lees in sy oorspronklike Middeleeuse Nederlands in Jan se befaamde dagregister. Hiervan het hy natuurlik geskryf, sonder enige skaamte wil dit vir my voorkom.

Maar terwyl ons nou op die onderwerp is…

Kom ons kyk maar na 'n paar van sy *greatest hits*.

Kyk, hy mag dalk die vader van ons wit nasie wees, maar soos dit vir my lyk is hy ook die ou wat die inheemse bevolking aan alkoholiese verversings bekend gestel het. Darem was dit nie tik nie, nè? *Ha!* Glo hulle 'n paar keer dronk gemaak om hulle beeste te steel. Maar, word kalm, volgens die Afrikaanse vertaling van sy dagregister het hulle hom soontoe gedryf. Moet nie ons jong wolf *push* nie. Hy sal jou rooiwyn voer en dan met jou beeste wegloop. Maar net die man wat hy was. Gelukkig word dit snaakser want Jan van Riebeeck het glo op 'n slag, met vervalste geld, 'n klomp slawe aangekoop! As daar dokumente was, en hulle vind 'n wet wat nog staan, is daar iewers 'n jong man of vrou wat binnekort 'n *apology video* op *TikTok* gaan moet oplaai. Die sondes van ons voorvaders, nè?

Hy het glo ook manne soos Engelse en Franse soldate laat aantrek om die inboorlinge te mishandel, sodat hy, natuurlik, vir Nederland guns kon koop onder hulle.

'n Ou storie, om eerlik te wees. Jy al gesien hoe word jou buurman se kop geskil? Nog nie? Wel, beproef alles en behou die goeie.

Wie is ek om te *judge*? Ons almal is al seker *gecatfish* op een of ander tyd, of hoe?

Anyway. Dan, natuurlik kom ons by ons mees *touchy* hoofstuk in hierdie hele verhaal. Die wit, of nou wel, bruin olifant in die vertrek! Julle net so opgewonde soos ek? Want hoe kan mens nou regtig praat oor ons geskiedenis, sonder om die groot boosheid van die Sewentiende en Agtiende eeu op te haal?

Kom ons grou 'n paar grafte oop. Maak 'n paar honde wakker. Ja, nee, hier is ons nou! Kom ons praat oor **SLAWERNY!**

Nu voor het hoofdgerecht...

Nie alle slawe is gelyk gemaak nie; of hoe ek opgehou worry het oor die sondes van my voorouers en besluit het om dit te aanvaar as 'n noodsaaklikheid van die dag.

Elke liewe ding wat ek tot en met dese gelees het van slawerny in die Sewentiende en Agtiende eeu word ingelei met:

"Okay, so chill, julle! Ons was ook slawe op 'n tyd gewees, en die praktyk is so oud soos grond, so haal asem! As skrywer wil ek myself net vrywaar, as 'n disclaimer of sorts, dat ek self, as 'n glorified, straight, wit man, glad nie cool is met slawerny in enige vorm nie. Of dit nou die klassieke weergawe, inboekeling, serf, of natuurlik die moderne weergawe daarvan waarin onsself nou vasgevang vind; of dit nou ekonomies, die banke, tyd, sosiale media, of, natuurlik, die tipe waar jou vrou op jou kop sit is nie. Okay? Cool? Shappies? Ek condone dit glad nie, okay?" So ek voel, dit sal verkeerd wees van my om nie dieselfde te doen nie, ten spyte van my eie voorkeure. *Go figure.*

Jan van Riebeeck aan die ander hand, ons jong wolf voor Apartheid? Mens kan sê hy was 'n groot voorstander daarvan. 'n *Cheerleader* vir *slavery* as jy nou wou.

En sonder dit kon hy nie die Kaap as sukses sien nie.

So hier's die *deal*; nie lank na sy aankoms, het die V.O.C hom begin *pressure* om 'n wins te toon. Hy homself, was vuur en vlam gewees soos *Naas Botha* voor 'n uitsending van *Boots and All*. Maar hy het gou besef dat met die manne wat hy tot sy beskikking gehad het, dit maar 'n gesukkel gaan wees. En net soos *Naas* vir *ou Leon* gehad het wat aan sy hakskene gebyt het, het hy ook dieselfde in die vorm van sy *overlords* by die V.O.C. gehad wat aan sy agterstewe gehap het.

Maar wat van die inboorlinge? Vra julle skielik! Hoekom hulle net nie buig soos wat hulle ons op skool van geleer het nie? Want, soos ons nou al lankal geleer het van die strandlopers en hul nasate, in die jaar van ons God 2024, is dat hulle niemand se *poesje* is nie! En hierdie lawwe katte sou vir geen Kaaskop uit 'n pierinkie melk uit drink nie. Maak nie saak hoeveel rooiwyn hulle belowe is nie! Dit het glo vir Jan en die res van sy kompanjie vreeslik frustreer, tot op die punt waar hulle besluit het om wit mense in diens te probeer neem! Maar jy weet hoe ons wit mense is...ons *like* van *moan*...dis mos braai, *moan*, drink, en rugby. Of hoe? Hy was so *unimpressed* dat hy hulle sommer terug Nederland toe wou stuur.

Jan het tot so vêr gegaan as om die skepe wat aan Tafelbaai tot ruste gekom het in te span om skouer aan die wiel te sit. Dis nou natuurlik totdat een van hulle besluit het om by die Here Sewentien daaroor te gaan kla. In 1658, het die Goewerneur Generaal (van alle mense) sy stem dik gemaak. Joan Maetsuyker het in 'n brief beklemtoon dat hulle onderwerp word aan "bloedige arbeid" en dat die Kaap de Goede Hoop nie gestig is om gesonde mense siek te maak nie.

So toe moes Jan maar ander plan maak. En hy het geskryf, en geskryf, totdat sy hande seer was, en vir vier jaar probeer om ordentlike slawe (wat hom nie gaan twak gee soos hierdie verdomde wit Kaaskoppe nie) in te kry van Batavia af. Maar die Here Sewentien wou niks weet nie. Hy het wel 'n paar keer probeer om agter hulle rûe self skepe te stuur om slawe aan te koop, dis nou seker waar die vervalste geld inkom, maar dit was glo hoogs onsuksesvol. Rowwe waters. Wat kan mens maak?

Die groot probleem was dat die V.O.C gekant was daarteen om die inboorlinge te knak en in te span, en daarop aangedring het dat hulle 'n goeie verhouding met hulle bou - vir een of ander rede.

So Jan het nie veel van 'n keuse gehad nie, siende dat die Here Sewentien nou groot *fans* van die *Prime Directive* en *Star Trek* was. Snaaks genoeg was jy 'n vry man sodra jy in Nederland geland het. So dit laat mens wonder of jy professionele slawe gekry het? *Anyway*, genoeg van daai gedagte...

Op 'n stuk het hulle wel sogenaamde "boere knegte" ook ingevoer, of deeltydse werkers, wat op plase gewerk het en gehelp bou het. Maar soos ons nou al weet, het dit nie baie lekker vir hulle gewerk nie, en hoe minder daarvan gepraat word, hoe beter. Ons as Afrikaners is nog nie reg om oor daardie deel van geskiedenis te praat nie. *Trust* my.

Met tyd het die Here Sewentien toe maar ingegee en twee slawe skepe na Jan toe getuur, sodat hy kon ophou *moan* oor hoe seer sy hande was van al die tuinwerk.

Anyway, so het ons jong wolf sy sin gekry, en hy kon behoorlik wegspring met sy taak.

Die laaste avonture van Jan Van Riebeeck of hoe die V.O.C die vader van ons trotse wit volk uit ons geskiedenis probeer boomslang het.

Nou ja. Hier is dit dan nou. Die laaste hoofstuk in ons jong wolf se avontuur.

Julle nooit gewonder wat met ou Jan gebeur het nie? *Miskien is hy gewond in oorlog? Een of ander Smith seker gewees? Miskien het hy afgetree saam met sy wulpse, maar geskiedkundig gesproke, heel intellektuele vrou Maria, in die Kaapse wynlande? Miskien het hy 'n deal met die duiwel gemaak om in elke inboorling, en Sap se nagmerries te spook vir die volgende 400 jaar wat sou volg?* Miskien. *Maar waar is van Riebeeck se kinders!? Hoekom ken ek niemand met daardie van nie? Was Jan van Riebeeck even real gewees?*

Alles goeie, en vreeslike ingeligte vrae. Die tipe wat mens kan verwag van 'n middelklas wat deur Apartheid gekastreer is. *Maar my pa het gesê Jan van Riebeeck was 'n held wat net soos daai ouens by Slagtersnek vir Afrikaans gesterf het! Jan van Riebeeck is ons held! Hy het vir ons die bos oopgekap en die samelewing saamgebring! Hy is ons gunsteling president!*

Kalmeer, jong man! En nee. Ons gunsteling president was Paul Kruger gewees. Vra maar vir Jopie Fourie en daai ou waaroor daardie *random* liedjie geskryf is wat my so oproerig in my onderlyf maak! Hulle sal jou kan vertel daarvan. Maar vir nou, kom ons praat oor Jan van Riebeeck, na die Kaap.

So, hier is die hartseer ding, Jan se planne was nooit om Europa Suid-Afrika toe te bring nie. Hy het nooit voorkeure gehad vir die dinge waarin H.F Verwoerd (ons tweede gunsteling leier - dan is dit P.W.. Ek sou gesê het F.W. De Klerk, maar my oupa wou hom gebliksem het, so kom ons gaan maar vir P.W) geglo het nie. Ja, hy het gevoelens gehad oor die inboorlinge, maar vir hom het dit bloot gegaan oor sy ambisie om vorentoe te beweeg. Die Kaap was net 'n *means to an end* vir hom gewees. En hy het altyd sy toekoms in Indië gesien. Na Tonkin was die Kaap 'n manier terug in die V.O.C se goeie boekies in. In Indië het sy fortuin gelê. Hy was maar net *lucky* dat hy vir Verwoerd 'n land gegee het wat hy in sy beeld kon uitkerf.

Andersins sou ons glad nie van Jan van Riebeeck gepraat het nie. Dit sou Matthijs Proot gewees het. MATTHIJS PROOT!? Kan julle *imagine* hoe die ANC kerm oor 'n man met die van van Proot? Sou snaaks gewees het, nè? Kyk dan net hoe lyk hierdie man! Wag? Julle kan nie! Want 'n portret van hom bestaan nie! Dit kon Jan van Riebeeck daai gewees het. Of nou wel sy *stand-in* wat op al die geld gebruik is...

Danksy die feit dat hy so ambisieus was word hy vandag nog onthou. Maar hy wou nooit gehad het dat die Kaap sy *legacy* moes wees nie. Dit was 'n *job* vir hom. 'n *Job* waarin hy trots gehad het, seker. Want dis tog ons jong wolf waarvan ons hier praat. Natuurlik het hy. Tot die beste van sy vermoë. En Jan het regtig alles ingesit in die Kaap, maar ongelukkig was dit net nie genoeg nie. Tien jaar van sy lewe opgeoffer om net weer in 'n *admin job* op te eindig. Kyk, die V.O.C is eintlik die regte boef in hierdie verhaal, nie Jan nie.

En ja, hy is toe terug Indië toe. Maar nie in die pos wat hy gedink het hy verdien nie. Dis verseker.

Julle sien. Alhoewel hy basies alles gedoen het wat van hom verwag is; van 'n volle bemande verversings pos, 'n semi-goeie verhouding met die inboorlinge, hy't gebou, en geplant. Maar hy was ongelukkig kort van net een ding. En dit was ongelukkig die belangrikste item op sy lysie gewees. En dit was om die Kaap selfstandig te maak. En natuurlik 'n wins te toon.

Dit was nie 'n maklike taak nie. Dis verseker. En deur die frustrasie het hy maar gedoen wat hy kon.

Vir tien jaar lank het hy terug geskryf oor hoe suksesvol sy onderneming was. Help nie veel as van sy manne agter sy rug sy gat gaan staan en toesteek het by die Here Sewentien nie. Hy skryf dat al sy ouens hom sou op *back*, en dat hulle baie gelukkig was met sy werk, maar *meantime back at the ranch* het hulle gaan staan en kak praat van hom.

Maar soos ons nou weet, was dit die minste van die V.O.C se *worries*, vir hulle het dit oor geld gegaan, die Floris en sente, en Jan kon *apparently* net nie die metaforiese wa deur die drif getrek het nie. So, met stank vir dank is hy toe 'n pos op die Indiese Raad gegun, maar nie as bestuurder nie, maar as Koopman.

En so het hy sy laaste jare deurgebring, sonder sy kinders, of sy vrou. Hy het Maria en sy dogter ook aan die dood afgestaan, en sy seuns wat agtergelaat was in Nederland, sou nooit weer hulle pa gesien het nie.

Hartseer? Miskien. Maar Jan was 'n ambisieuse man, en ek kan julle nou belowe dat ons jong wolf nie platsak in die sonsondergang ingeseil het nie.

Besides. Hier is 'n man, wat nie regtig hoog op die rang van sy tyd se historiese figure sit nie. Ek bedoel, hy is geen *Michiel De Ruyter* nie, nè? Maar praat ons nog oor *Michiel*? Die antwoord is nee. Praat hulle van hom in Engeland? Nee. In Australië? Nee.

Maar hulle onthou nog ons jong wolf. 'n Ambisieuse verkoopsman wat die wêreld vir ons verander het. Wat se drome die weg oopgemaak het vir ons om te hardloop (en toe danksê die selfde tipe leierskap, te swik.).

Was hy die bose kolonialis wat die moderne samelewing hom as uitmaak? Is sy aankoms te blameer vir al ons moderne kwale? Vir die feit dat ons oor vyf jaar tien teen een nie 'n brood en melk sal kan bekostig nie? Dat ons glo nie genoeg elektrisiteit het om die hele Suid-Afrika van te kan voorsien nie (behalwe voor 'n verkiesing natuurlik), dat meeste jong mense nie werksgeleenthede het, ten spyte van hul onderrig nie? Dat ons kinders oor tien jaar sekerlik net Russies of Chinees gaan kan praat?

Is dit Jan Van Riebeeck se skuld? Wel nee...

Ons ken die waarheid. Maar die leuen, die leuen is net soveel sexier!

Jan Adrizoon van Riebeeck; geskiedenis se gunsteling Kaaskop, en held vir talle middeljarige en afgetrede trotse Afrikaners. Onse Jan. Die man met die plan.

Vir my? Hy was 'n *salesman*. Soos ek. *By all means necessary.* En partykeer, net partykeer, gaan daar *casualties* wees in die pad vorentoe.

Is Jan van Riebeeck dood? Nee. Hy lewe nog steeds, honderde jare later, in almal van ons se harte, en sommige, wel in die meerderheid se nagmerries.

Wil gedoen wees, nè? ^.-

Kom ons maak 'n bietjie moeilikheid.

Die Kronieke van Suider-Afrika deel 1 - Jan Van Riebeeck.

Imagine net!

In 1652 land Jan Adrizoon van Riebeeck aan die Suidpunt van Afrika. Tien jaar later doen hy aansoek vir 'n bestuurspos op die raad van Indië. Die Here Sewentien, ongelukkig met sy progressie, keer dit af in guns van 'n administratiewe pos. In 1662 breek daar 'n misterieuse vuur uit in die fort wat hy laat bou het. Tragies, brand meer as die helfte van die Kaap af. Met die dodetal in die honderde, en die ongerepte land, totaal en al verwoes, verdwyn Jan Van Riebeeck vir altyd, en ewig, uit ons geskiedenis boeke uit. Ek skryf hierdie staaltjie vier honderd jaar later, in 'n taal wat nie bestaan nie, want daar was nooit 'n rede of nood vir hom om te ontwikkel nie. Suid-Afrika het al vele male hande geruil. Dis 'n hool van armoede en slawerny. Die inheemse bevolking veg vir oorlewing teen brutale oorlogshonde en korrupte leierskap. Die wit man het al twee honderd jaar terug hul vryheid aan hulle toegestaan, nadat Suid-Afrika gestroop is van al haar skoonheid, natuurlik. Amerika wil 'n konsert reël om geld in te samel vir haar. Miskien kan *Taylor Swift* die H.I.V. krisis stil wat Suid-Afrika van binne af opvreet. Miskien nie. Korrupsie sal dit nie toelaat nie. Nie in hierdie donker land nie. Nie in 'n land waar Jesus nie heers nie.

Maar dit het niks met my te doen nie. Want ek woon in 'n eerste wêreld land. My vrou is 'n *pornstar*, my koning is wit, my Ferarri is rooi, en my kokaïne is goedkoop.

Lekker, man! Lekker!

Bronne:

- Atlas of Mutual Heritage
- VOC Site
- Vanosnabrugge
- Jan van Riebeeck, Daghregister. Deel 1. 1651-1655 (eds. D.B. Bosman en H.B. Thom). A.A.
- Balkema, Kaapstad 1952
- Die Kaapse Slawe in Kultuurhistoriese Perspektief 1652-1838 Eunice Marietha Bauermeister

Volgende keer op die Kronieke Van Suider-Afrika:
Deel 2

(1795-1806) DIE EMPIRE KOM KLOP AAN ONS DEUR IN:

Kyk, Pappa! Sy's Engels!

6/11/66

Krabbel Kat

"Luister, manne. As ons 'n spook op kamera gaan vaslê, moet ons eers een vind."

Hulle is besig om planne te beraam om iets gevaarlik aan te vang. Dis nie die eerste keer wat hulle hier sit nie. Nee, hulle kom gewoonlik bymekaar as die lewe te veel raak en die geld opdroog. Hulle is honger, julle sien, honger vir roem en rykdom. Vier jong mans met groot drome. Drome wat tot nou toe opsy gesit is vir die bogenoemde. Dit traak hulle vreeslik, hierdie drome. Soveel so, dat dit hulle soms wakker hou wanneer hulle eintlik moet slaap.

"Moet jy nou nie jou kop daaroor gaan staan en breek nie, Klippies."

Klippies, so genoem na sy alkoholiese voorkeure, is die een van hulle wat laas, toe hulle besluit het om op hierdie heuwel bymekaar te kom, die spel gereël het. Toe, natuurlik, was dit om een van hulle kaalbas van 'n brug af te stamp, in die Apies Rivier in, hande en voete vasgebind, in die hoop dat hy dalk net miskien die volgende Houdini sou wees. Dit natuurlik alles vasgelê op kamera vir hulle *YouTube* kanaal: *Die Sondag na Kerk Bende*. Daar was toe ses van hulle gewees. Frederik het dit ongelukkig nie gemaak nie. En kêreltjie, wel hy slaan nou klip op Modderbee vir manslag. Maar dinge lyk uiteindelik weer goed vir hulle. Sedertdien het hulle hul aanslag so bietjie verander. Nou, dames en here, jag, of is dit nou *jaag* hulle spoke? Hulle het nou ongelukkig nog nie daaroor besluit nie, want soos Klippies enkele minute terug gesê het, soek hulle nog na een. Nou ja. Dis nou seker waar Daan van Graan in kom. Want sy oupa was glo met die helm gebore.

"Wat bedoel jy nou eintlik met die helm?"

"Net wat ek sê, Kasper."

Kasper hou gewoonlik die video kamera vas. Dis nou die kamera wat sy pa vir hom vir Kersfees gegee het, toe hy hoor dat Kasper vir teater aangelê is. Toe Kasper vir hom probeer verduidelik dat hy meer *Paljas* as *Bakgat* is, toe gee sy pa vir hom 'n warm klap. Nou ja, nou klap hy maar daai ou kasset, al is dit net om die vrede te bewaar.

"Wat is?"

Lag Kasper.

"Jou ouma grootjie het seker lekker gesukkel om hom in die wêreld te bring, nè?"

Visser is die komediant van die groep. Die storie lui dat hy een aand hoog dronk by 'n *lanie* eetplek ingestap het, en hulle van hulle stoele af laat lag het. Die volgende oggend, nadat hy 'n hoofpyn pil gesluk het, word hy toe een.

"Hoekom?"

"Sy moes hard gedruk het om 'n baba met 'n *helmet* op uit te stoot!"

Die groep lag.

"*Ja, ja*. Ek bedoel die man kon geeste en goed sien."

"Hoe nou?"

"Soos in van huis tot huis gegaan en die goed verjaag met gebed."

"Asseblief."

"Regtig, Klippies. Was in die koerant en alles. My oupa kon met spoke gesels soos jou oom met perde kan praat."

"En hoekom hoor ons nou eers dat jou oupa 'n 'Winchester Boertjie' was?"

"Julle het nou eers gevra?"

"So, wat? Jou oupa 'n dag boek of iets gehou?"

"Nee. Hy het ons bang gepraat as kinders. Gesê daar was monsters en goed aan die agterkant van sy huis, om ons daar uit te hou. Gedag dis twak, maar my pa het my anders vertel."

"Ek hoop hierdie storie het 'n punt, ou."

"Wel, Klippies. Julle soek 'n spook. Ek kan julle vier gee."

"Vier!?"

Klippies verstik amper aan sy Brandewyn en Coke.

"My oupa het glo nie rond gespeel nie. Hy het hulle glo met kettings aan die hoeke van sy huis vasgemaak met die krag van gebed. Gesê hulle moet vir altyd die huis oppas."

Hulle is verbaas. Wat hulle gedink het gaan prettig wees, klink vir hulle soos 'n gruwel prent.

"Ou, dit klink nou lekker geskroef."

"Jy vertel my, die storie het my sommer yskoud gelaat, Visser"

"So, wat maak ons?"

"Ons gaan agter in daai huis ingaan, en die nag daar deurbring met ons kameras."

"En dan?"

"Dan, manne. Dan sit ons dit op *YouTube*, en laat die geld inrol."

Hulle juig, klap hande en vat mekaar styf vas. "Sê my, Daan."

"Ja, Visser?"

"Jou oupa net spoke gejag?"

"Hoekom?"

"Was tog Apartheid gewees?"

"Wat het dit met die prys van eiers te doen?"

"Prostitute?"

"Vra jy of hy prostitute gejag het?"

"Ja."

"My oupa het 'n hoë amp in die kerk gehad, seun!"

"Jy weet nie eers wat dit beteken nie."

"So?"

"*So*, het hy of nie?"

"Hy het spoke verjaag. Nie gejag nie. Daar's 'n helse verskil."

"So net spoke?"

"Spoke en Sataniste."

"Hoe verjaag mens 'n Satanis?"

"Met 'n Bybel en 'n sweep, Visser. Jy vat hom hard."

"Julle breek nie my huis af nie!"

Is al wat Daan se ouma vir hulle gesê het, voordat sy die pad na sy tante toe gevat het. Nou is dit donker, en die oomblik van waansin is op hulle.

"*Krabbel Kat, Krabbel Kat, sê vir my, hoe vêr het die ou man met sy karretjie gery? Krabbel Kat, Krabbel Kat, krap jou kop. Het hy by die rivier gestop, of het hy al in die kar begin dop?*"

"Ou! Klippies, wat maak jy!?"

"Kom nou, Kasper. Jy's mos 'n man nie 'n muis nie. Sing saam."

"Nee! Ek speel nie rond met daai goed nie!"

"Dis net 'n kinderliedjie. Dit beteken niks nie, man."

"Kinderliedjie se voet. Onthou jy nie wat in graad sewe met Barrie Baartman gebeur het, toe hy dit by daardie partytjie gesing het nie?"

"Nee, wat?"

"Hy het sy kop kaal geskeur, dis wat."

"Sommer net so?"

"Ja, alles af. Poenskop. *Patat-Pienaar-Styl.*"

"Hoekom?"

"Krabbel Kat, ou. Hy soek hare."

"Kom nou. *Krabbel Kat, Krabbel Kat, drie maal meer. Kasper vra jy moet sy hare kom afskeur!*"

Hy lag al te lekker. Kasper is reg om hom 'n helse klap te gee.

Hulle sit in 'n slaapkamer. Dis eintlik 'n woonstel, maar so lank Daan kan onthou, is dit nooit as een gebruik nie. Dis die pienk slaapkamer. Sy tannie sin.

"Nou goed. Hierdie ding behoort die geringste geluid op te tel."

"Hy beter. My 'n fortuin gekos."

"Ja, Ja, Klippies. Ons is nie hier om oor geld te stry nie."

"Ek sê maar net, Daan. Die man agter die toonbank het gesê, dat dit die een is wat hulle op daardie Amerikaanse program gebruik. Hy vang *alles* glo op."

"So, waar gaan ons hom sit?"

"Sit hom in die ingangsportaal. Daar waar daai glas deur is."

"Goeie plan."

Net dan word dinge yskoud. Koud genoeg om vir Daan die horries te gee.

"Kasper, kry jou kamera!"

Hy is dood ernstig.

"Hoekom?"

"Ken jy nie van nie? As dit koud word dan kom hulle uit! Hoe laat is dit?"

Kasper kyk af op sy selfoon.

"Tien-voor-twaalf?"

"Tien minute, ouens."

"Mag ek vra waarop jy al hierdie aannames baseer?"

"Algemene kennis, Klippies."

"*Ag*, toe nou."

"Regtig."

"Jy seker dis nie op 'n ou liedjie nie?"

"Wat nogal?"

"Jou oupa het jou nie spook skool gegee nie, nè?"

"Hy het gesê *Dracula* bly hier agter, en dit was goed genoeg vir my."

"Gary Oldman?"

"Christopher Lee."

Dis nou twee-minute-voor-twaalf, en die ouens sit en bibber. Dit was nie lank voordat die temperature tot 'vriend vashou' grade geval het nie. Hulle is lekker nors daaroor. *Die* het sommer besluit om al die apparate reg voor hulle op te stel, nadat Visser amper sy broek nat gemaak het, toe hulle hom in die ingangsportaal ingestuur het.

"Ou..."

"..."

"Daan!"

"Wat, Kasper, wat!?"

"Jou oumie nie 'n *heater* nie?"

"Seker?"

"Nou kom ons gaan haal hom?"

"Ek dink nie dis 'n goeie idee nie."

"Hoekom nie!?"

"Dis 'n wapen, ou! Sy het een van hierdie ou-skool goed. Alles is oop voor. As daai ding jou tref is jy roosterbrood, pêl."

"So? Wat? Ons gaan net hier blerrie sit en koud kry?"

"Sal jy kalmeer?"

"Nee! Ek sal nie!" Hy spring sommer op.

"Ek is moeg vir hierdie snert! Spoke se gat, man."

Hy mik vir die deur, maar voordat hy hom haal, klap hy bot toe. Stilte. Kasper staan vir die toe deur en kyk met hierdie piering oë. "Ouens?"

"Kasper. Kom weg van die deur af."

Hy begin agter uit beweeg.

"Oueeens!"

Die deur gly kraak-kraak oop. Kasper vries op een plek, sy bene wil nie meer nie. Hy kan voel hoe sy bloed stol, en sy kop lig word. Stilte. Daar staan iets in die deur. Dis 'n *sy*. Nogal aantreklik. Gesig en hande vol bakpoeier, 'n lang, antieke, swart rok, met val wat agterna sleep. 'n Verwaarloosde sluier steek die meeste van haar gesig weg vir die manne. Sy loop nader. Haar oë stip op Kasper. Dan lig sy daardie sluier met haar lang rooi geverfde naels oor haar bloed rooi, deurmekaar, krul hare. Haar lippe is swart soos die graf, haar wange vol droë maskara, wat jare terug hul pad ondertoe gevind het. Haar oë, twee ronde kringe, net so swart soos haar opgeswelde lippe. So maer soos 'n riet. Sy skei haar lippe en vorm woorde.

"Kry jy koud, Meneer?"

Sy laat sak haar kop kant toe en bestudeer hom verder.

"As jy wil, kan jy in my arms kom lê."

Kasper verloor dit heeltemal.

"Nee, flip, nou het dit te vêr gegaan!"

Hy mik vir die dubbelbed waarop die res sit en aankyk.

"Sorry, ouens. Maar ek is uit."

Hy begin sy goed bymekaar maak.

"Wat bedoel jy *uit*?"

"Kyk, Daan. Dis net te boos na my smaak. Ek het *Casper die Vriendelike Spook* verwag, jy het die flippen *Blair witch Project* opgedis. Nee, pêl, ek moet nog vanaand slaap. Môre is 'n lang dag."

"Môre is Sondag?"

"Sondag is die Sabbatdag! Die rus dag! Hoe verwag jy moet ek rus met die prentjie van *Stefanie* van *Binnelanders* wat hier soos 'n verwaarloosde bruid staan, en aanbied om saam met my te lepellê?"

Hulle draai weer na haar toe. Sy het 'n plek op die enkelbed oorkant hulle ingeneem. Sy sit daar en kyk hoe die manne haar bespreek. Sy vind dit vreeslik amusant.

"Jy's reg. Sy lyk nogal soos *Stefanie*, nè?"

"Ja, Klippies. So wat nou?"

"Nou gaan ek pad vat, vriend. As jy my soek sal ek in die kar wees. En daar sal ek bly totdat die flippen son opkom."

"Wat van die video?"

"Wat van dit?"

"So jy gaan ons net hier los?"

Kasper het sy goed in sy arms, hy's op pad uit. "Dis presies wat ek gaan doen." Hy mik vir die deur.

"Verskoon my, dame? Maar jy is net te *freaky* vir my."

Hy hardloop by die vertrek uit. Haar oë volg hom tot by die deur en dan loop hulle weer terug na die manne toe. Sy glimlag.

"*So manne, wat gaan dit wees?*"

Haar linker been springend op haar regter, gaan sy verder.

"Wat het jy ingedagte?"

Sy trek daai swart lippe van haar wyd oor haar geel tande. En dan begin sy te sing.

"*Krabbel Kat, Krabbel Kat, sê vir my, hoe vêr het die ou man gery? Krabbel Kat, Krabbel Kat, krap jou kop. Het hy by die rivier gestop, of het hy al in die kar begin dop?*"

Daar is weer 'n oomblik van stilte. En dan:

"*Okay*, Kasper het die regte idee gehad."

Hulle almal spring op en hardloop uit. Los sommer die toerusting agter.

"*Pissies!*"

Sy staan op en loop na een van die kameras toe. Sy poseer hom in die enkelbed se rigting, gaan sit weer plat, en kyk in die kamera in. Soet musiek weer by haar lippe uit.

"*Krabbel Kat, Krabbel Kat, hop-hop-hop, my tande soek rusplek, kom vind lêplek in my kop.*"

"*Krabbel Kat, Krabbel Kat, ag nee, Meneer. Ek roep jou naam, kom wys my jou geweer.*"

"*Krabbel Kat, Krabbel Kat, dit maak tog so seer, hoe meer jy vastrap, hoe meer skree ek nee...*"

<3 Kimmie Kriel

Don't miss out!

Visit the website below and you can sign up to receive emails whenever Kimmie Kriel publishes a new book. There's no charge and no obligation.

https://books2read.com/r/B-A-BKUPB-QPMND

BOOKS 2 READ

Connecting independent readers to independent writers.

Also by Kimmie Kriel

Die Kronieke van Suider-Afrika
Jan Van Riebeeck

Susan Younger
Love it to Death!

Standalone
Kettie Kind
Wrede Somer

About the Author

Kimmie Kriel (34, WM) is gebore in Pretoria. Hy luister graag na die musiek van ons historiese onderdrukkers. Hy hou glo van die *beat*.

www.ingramcontent.com/pod-product-compliance
Lightning Source LLC
Chambersburg PA
CBHW020648160726
47991CB00003B/1082